우리 아이 문해력 키우는

창의력 글쓰기

3 2학년 1학기~2학년 2학기

끝말잇기, 문장 부호
마음을 나타내는 말
겪은 일 차례대로 쓰기
이야기 만들기

서지원 글

크레용하우스

차 례

첫 번째 이야기
마법사의 성을 찾아서

동시로 노래해요	· 10
사자가 왜 그럴까요?	· 12
함께 모험을 떠나요	· 14
끝말잇기를 해요	· 16
특별한 낱말로 문장을 만들어요	· 18
사건이 일어난 순서를 추리해요	· 20
무엇으로 변신해 볼까요?	· 22
마법사의 속마음을 짐작해 봐요	· 24
모험의 길을 찾아봐요	· 26
고운 말로 표현해 봐요	· 28
성 안에서 무슨 일이 벌어질까요?	· 30

두 번째 이야기
요정들의 파티

요정들의 파티를 준비해 봐요	· 34
요정에게 문장 부호를 알려 줘요	· 36
재미있는 낱말들을 모아요	· 38

요정 관찰 일지를 써 봐요 • 40

요정의 하루를 노랫말로 써 봐요 • 42

요정 나라를 홍보해 봐요 • 44

문을 열면 어떤 곳이 나올까요? • 46

사다리 타기 게임을 해 봐요 • 48

요술봉으로 갖고 싶은 것을 만들어 봐요 • 50

요정과 함께 사과문을 써 봐요 • 52

요정 나라에서 겪은 일을 이야기해요 • 54

세 번째 이야기

엄지 공주와 꽃의 나라

꽃의 나라를 구경해요 • 58

요정들은 무슨 일을 할까요? • 60

주변에서 나는 소리를 찾아봐요 • 62

나는 누구일까요? • 64

나는 어떤 열매일까요? • 66

새로운 나라의 이름을 지어 봐요 • 68

새 친구를 상상해 봐요 • 70

새로운 이야기를 만들어 봐요 • 72

이 책의 특징 및 활용법

1. 귀여운 캐릭터들과 함께 신나는 모험을 떠나며 낱말부터 문장까지 **단계적으로 학습해** 글쓰기에 대한 두려움을 없앨 수 있어요.

2. 이야기를 읽고 이해하고 응용해 나만의 글을 써 보며 자연스럽게 **문해력**을 키울 수 있어요.

3. 다양한 소재의 글감을 통해 **창의력과 상상력**을 키울 수 있어요.

4. 초등학교 저학년 통합 교과는 물론 국어 교과 관련 학습 활동을 통해 **교과 공부에 도움**을 줄 수 있어요.

5. 글쓰기에 정답은 없어요. 자신만의 특별한 '생각 씨앗'을 키우는 게 중요하지요. 자유롭게 글쓰기 훈련을 하며 **나만의 생각 씨앗**을 만들 수 있어요.

6. 4차 산업 혁명 시대에는 **논리적 사고**가 중요해요. '생각 씨앗'을 이용해 자신의 생각을 논리적으로 풀어내는 훈련을 할 수 있어요.

관련 교과를 알 수 있어요.

질문에 대한 예시 또는 정답이 나와 있어요.

그림 상황을 보고 상상해서 나만의 생각을 써 볼 수 있어요.

다양한 종류의 이야기를 읽고 그림을 볼 수 있어요.

작가의 말

서점에 글쓰기 책이 많이 나와 있어요. 학습지처럼 반복적으로 글을 써 보게 하는 책도 있고, 여러 문장으로 글쓰기를 연습하는 책도 있어요. 하지만 글쓰기를 잘하려면 무엇보다 중요한 것이 있어요. 나만의 '생각 씨앗'이 있어야 한다는 거예요.

정말 글을 많이 쓴다고 잘 쓰게 될까요? 내용 없는 글을 길게만 쓴다고 잘 쓴 글일까요?

잘 쓴 글이란, '자신의 생각과 감정'을 잘 전달하는 글이지요. 그것이 들어 있지 않은 글은 단순한 글자들의 나열일 뿐이랍니다.

글은 생각에서 나와요. 생각이 없으면 글을 쓸 수 없어요.
따라서 글쓰기는 '생각 쓰기'예요.
이 책은 '생각을 만들어 주는 글쓰기 책'이에요.

글쓰기를 잘하려면 따라 쓰는 훈련을 해야 하는 게 아니라, 생각을 만드는 연습을 해야 해요. 그게 바로 창의력이지요.

또한 글쓰기를 잘하려면 글쓰기에 대한 두려움이 없어야 해요. 잘 써야 한다는 부담감을 버려야 해요. 동화 속 주인공이 되어 즐겁게, 마음대로, 자유롭게 글을 쓰면 됩니다. 다양한 답이 나올 수 있겠지요.

나만의 이야기를 써 나가다 보면, 어느새 창의력으로 뿌리를 내리고, 생각의 씨앗에서 톡톡 싹이 돋고, 상상력으로 커다란 나무가 자라고, 논리력으로 어떤 폭풍에도 흔들리지 않는 글쓰기 영재가 될 것입니다.

글쓰기에 재미를 느끼길 바라는
서지원

첫 번째 이야기
마법사의 성을 찾아서

엇, 아까부터 고양이 한 마리가 졸졸
소희 뒤를 따라오고 있어요.
소희가 뒤를 휙 돌아보면 고양이가 멈칫!
다시 소희가 걸으면 고양이도 뚜벅뚜벅!
"왜 자꾸 나를 따라오는 거야?"
"저기…… 네 장화를 빌려주면 안 될까?"
맙소사, 고양이가 말을 하네요.
소희는 장화를 벗어 주었어요.

그러자 고양이가 냉큼 장화를 신더니 두 발로 성큼성큼!
"어디를 가려는 거야?"
"아주 못된 마법사가 사는 성을 찾아갈 거란다."
고양이의 주인이 그 성에 갇혀 있대요.
소희는 고양이를 따라 마법사의 성에 가기로 했어요.

동시로 노래해요

관련 교과 2학년 1학기 국어 1. 시를 즐겨요

장화 신은 고양이랑 소희가 길을 걸어요.
신이 난 고양이가 동시를 지었어요.

딸기

내가 가장 좋아하는
과일은
새빨간 얼굴에
주근깨 많은 딸기

부끄러움이 많아
얼굴이 빨개졌나
친구들이 놀려서
얼굴이 빨개졌나

장화 신은 고양이는 노래하는 마음으로 동시를 쓰면 아주 쉽게 쓸 수 있다고 알려 주었어요. 여러분도 좋아하는 과일을 주제로 동시를 써 봐요.

수박

나는 수박이 좋다

……………………………………

……………………………………

씨를 뱉는 것도 재미있고

먹는 것도 맛있거든

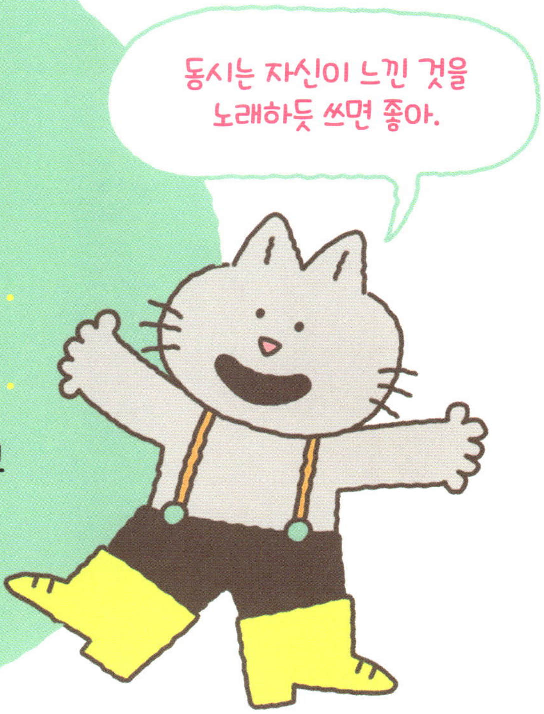

> 동시는 자신이 느낀 것을 노래하듯 쓰면 좋아.

사자가 왜 그럴까요?

관련 교과 2학년 1학기 국어 10. 다른 사람을 생각해요

헉, 커다란 사자가 길을 막고 있어요.
장화 신은 고양이는 사자를 자세히 살펴보았어요.
사자의 눈에 눈물이 그렁그렁 맺혀 있지 뭐예요.
어딘가 몹시 아픈 것 같아요.

사자는 왜 눈물을 흘리고 있을까요?

....

사자를 돕는 방법은 무엇일까요?

....

함께 모험을 떠나요

관련 교과 2학년 1학기 국어 3. 마음을 나누어요

소희는 장화 신은 고양이와 모험을 떠나고 싶었어요.
사자는 소희랑 장화 신은 고양이를 태우고 단숨에 쌩! 하고 마법사의 성으로 갔지요.

사자에게 도움을 받은 소희랑 장화 신은 고양이는 어떤 마음일지 색칠해 봐요. 그리고 그 마음을 표현하는 쪽지를 써 봐요.

- 요리해 줄게
- 선물할게
- 노래해 줄게
- 두려워요
- 편지할게
- 불편해요
- 우울해요
- 고마워요
- 짜증나요
- 신나요
- 미워요

사자야, 우리를 도와줘서 ....!
우리가 마음을 담아서 ....

끝말잇기를 해요

관련 교과 2학년 1학기 국어 4. 말놀이를 해요

마법사의 성으로 들어가려고 문고리를 당겼어요. 그러자 사람 얼굴처럼 생긴 문고리가 말했어요. 끝말잇기를 해서 이겨야 문이 열린대요.

재미있는 끝말잇기를 해 봐요.

| 사과 | → | | → | | → | | → | | → | | |

정답) 사과 → 자전거 → 거미 → 미용사 → 사자

| 카메라 | → | | → | | → | | → | | → | | |

정답) 라디오 → 오징어 → 어항 → 항아리 → 리본

끝말잇기를 한 낱말들 중 마음에 드는 낱말로 짧은 문장을 만들어 봐요.

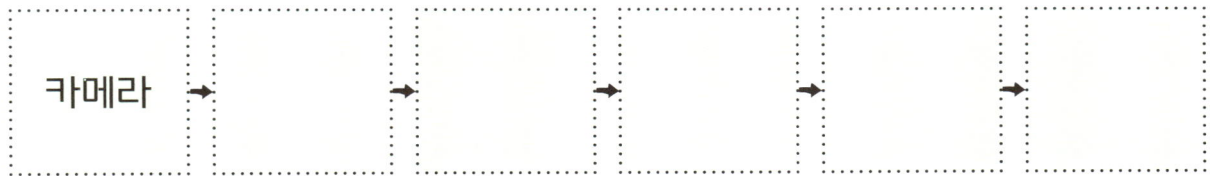

예시) 나는 사자를 만나자 무서워서 도망쳤다.
　　　나는 거미줄에 갇힌 벌레를 구해 주었다.

특별한 낱말로 문장을 만들어요

관련 교과 2학년 1학기 국어 5. 낱말을 바르고 정확하게 써요

드디어 성문이 열렸어요. 그런데 바닥에 여러 가지 낱말들이 흩어져 있었어요.

바닥에 흩어진 낱말들을 이용해 짧은 문장을 만들어 봐요.

예시) 문이 저절로 닫혔어요.
　　　나는 장난감을 갖고 신나게 놀았어요.

'모래'라는 낱말을 이용해 짧은 문장을 만들어 봐요.

예시) 나는 모래를 이용해 성을 만들었어요.

'반창고'라는 낱말을 이용해 짧은 문장을 만들어 봐요.

예시) 나는 상처가 나서 반창고를 붙였어요.

사건이 일어난 순서를 추리해요

관련 교과 2학년 1학기 국어 6. 차례대로 말해요

소희랑 장화 신은 고양이, 사자가 나타나자 성 안에 있던 촛대, 주전자, 물컵, 꽃병들이 순서 없이 말을 걸었어요.

성에 사는 사람들에게 일어난 일을 순서대로 보기에서 찾아 써 봐요.

1 ....   2 ....

3 ....   4 ....

보기
어떤 마법사가 성으로 찾아왔다.
우리 몸은 물건으로 변했다.
우리의 몸이 점점 딱딱해졌다.
마법사는 우리에게 이상한 쿠키를 주었다.

마법사의 쿠키에 무엇이 들어 있었는지 상상해 써 봐요.

쿠키에는 ....가(이) 들어 있었다.

무엇으로 변신해 볼까요?

관련 교과 2학년 1학기 국어 7. 친구들에게 알려요

마법사의 서재로 들어갔어요. 그곳엔 신기한 자판기가 있었어요.

엇, 이 자판기는 뭐지?

여기 설명하는 글이 있어.

동물 자판기 설명서
자판기의 그림을 고른 다음 아래 버튼을 누르면 음료가 나올 것입니다. 캔 속의 음료를 마시면 그림 속 동물로 변신하게 될 거예요.

난 예전부터 하늘을 날아 보고 싶었어!

엇, 마법 자판기가 있어요. 자판기에 그려진 동물 중 여러분은 무엇으로 변신하고 싶나요?

....

그 이유는 무엇인가요?

....

여러분이 마법의 약을 만든다면 어떤 것을 만들고 싶나요?

....

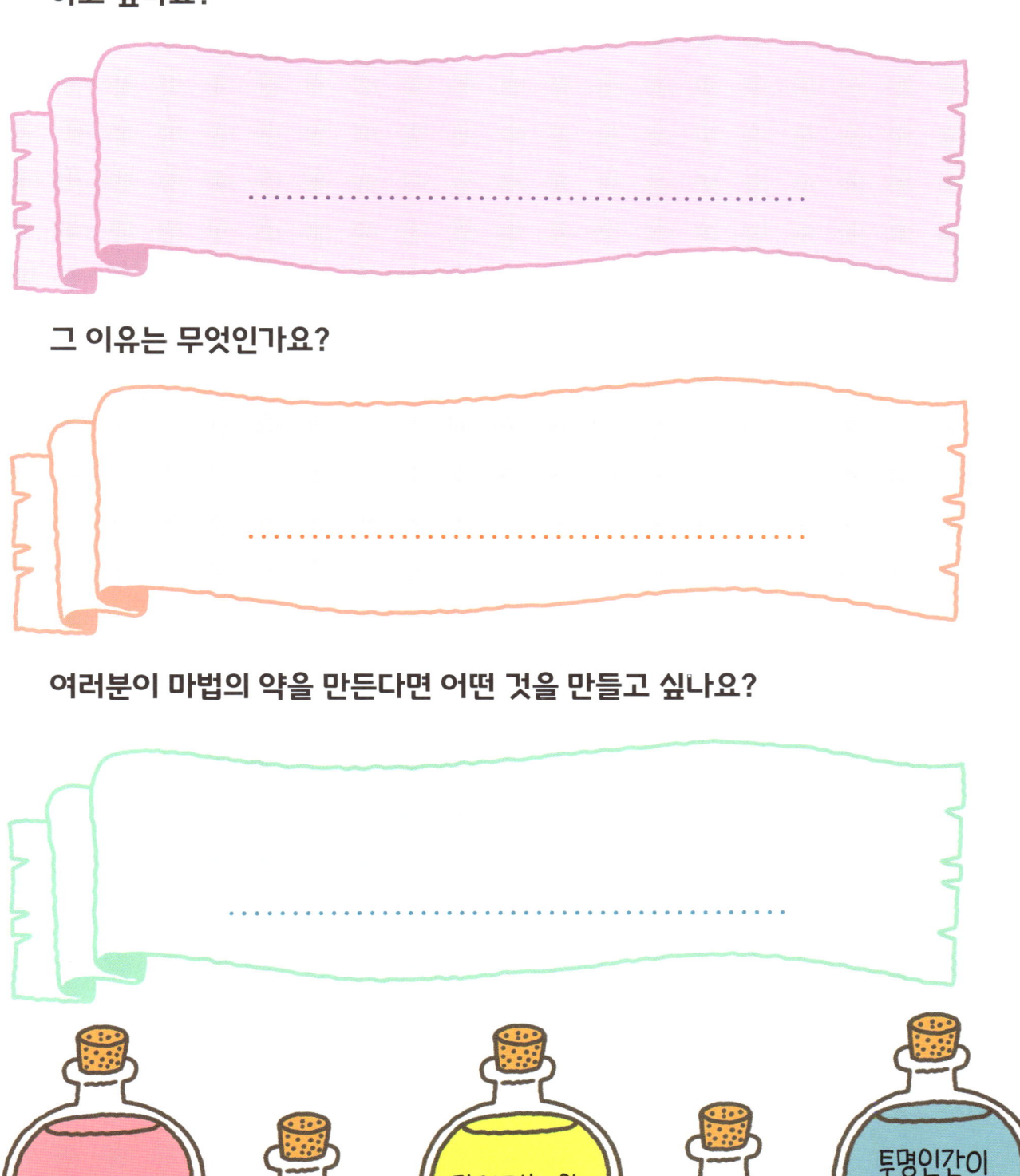

마법사의 속마음을 짐작해 봐요

관련 교과 2학년 1학기 국어 8. 마음을 짐작해요

어디선가 훌쩍훌쩍 울음소리가 들려왔어요. 소희는 조심스럽게 방문을 열어 보았어요. 방 안에서 마법사가 울고 있었지요.

소희는 마법사의 마음을 짐작해 보았어요. 어떤 마음인지 빈칸에 써 봐요.

마법사의 마음은 .... 거예요.

마법사와 쌍둥이 형을 헛갈리지 않게 만들 방법은 없을까요?

예시) 얼굴에 점을 찍어서 쌍둥이 형이랑 헛갈리지 않도록 만들어 준다.

모험의 길을 찾아봐요

관련 교과 2학년 1학기 국어 9. 생각을 생생하게 나타내요

소희와 장화 신은 고양이, 그리고 사자는 마법사의 쌍둥이 형을 찾아 길을 떠났어요. 과연 어떤 모험을 겪게 될까요? 여러분이 길을 정해 봐요!

꾸며 주는 말을 이용해 모험 과정을 실감 나게 전달해 봐요.

예시) 우리는 마차를 타고 뾰족뾰족한 가시덤불 숲을
지나가다 웅덩이에 풍덩 빠졌어요.
하지만 다시 용기를 내서 쌍둥이 마법사를 찾아갔어요.

....

....

....

뾰족뾰족   풍덩   용감한   무시무시한   뜨거운
넘실넘실   멋진   신비로운

고운 말로 표현해 봐요

관련 교과 2학년 1학기 국어 10. 다른 사람을 생각해요

"싫어!"라는 말을 상대방이 기분 나쁘지 않게 전달해 봐요.
고운 말을 쓰면 상대방의 마음도 바뀔 수 있어요.

내가 자주 쓰는 나쁜 말에는 어떤 것이 있나요?

나는 기분이 나쁠 때 ……………라는 말을 자주 써요.

상대방을 기분 좋게 만들어 주는 말은 무엇일까요? 골라서 동그라미 해 봐요.

'싫어' 라는 말을 고운 말로 바꾸려 해요.
어떤 말로 바꾸면 좋을까요?

예시) 좋아하지 않아, 이게 더 나을 듯해

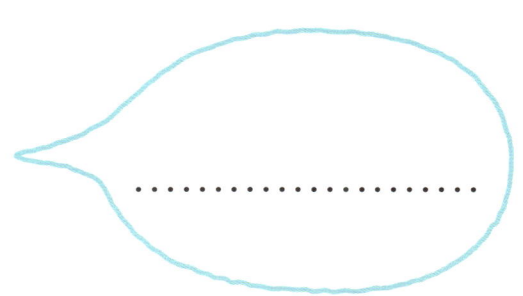

보기의 고운 말을 넣어서 문장을 만들어 봐요.

예시) 나는 우리 아빠가 세상에서 가장 좋아요.
우리 엄마는 최고예요!
나는 엄마 아빠가 계셔서 정말 행복해요.

....

....

....

보기

친절해요   빛나요   잘해요   행복해요

신나요   아름다워요   최고예요   고마워요

좋아요   사랑해요   예뻐요   믿음직스러워요

성 안에서 무슨 일이 벌어질까요?

관련 교과 2학년 1학기 국어 11. 상상의 날개를 펴요

아무도 없는 성 안에 촛대와 주전자, 찻잔, 꽃병, 지팡이, 그리고 의자가 움직이기 시작했어요.

그다음엔 무슨 일이 벌어질까요?

나는 놀라서 ....

움직이는 물건들이 나에게 말을 걸기 시작했어요.

나는 어떤 행동을 했을지 상상해서 써 봐요.

나는 ....

성 안에서 무슨 일이 있었는지, 또 앞으로 무슨 일이 벌어질지, 그리고 이 일을 해결하려면 어떻게 해야 할지 보기를 참고해서 하나의 이야기를 만들어 볼까요?

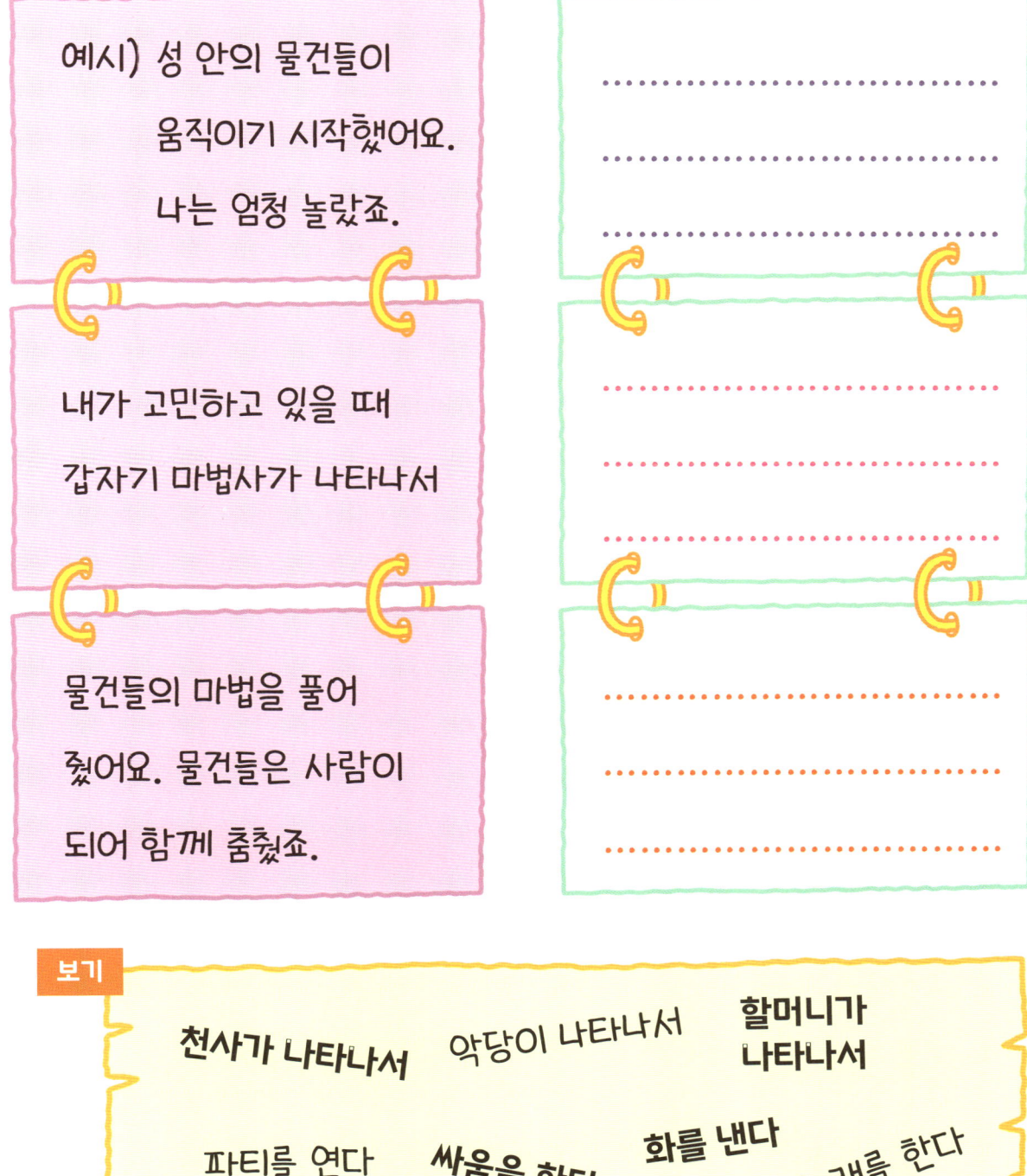

예시) 성 안의 물건들이 움직이기 시작했어요. 나는 엄청 놀랐죠.

내가 고민하고 있을 때 갑자기 마법사가 나타나서

물건들의 마법을 풀어 줬어요. 물건들은 사람이 되어 함께 춤췄죠.

보기

천사가 나타나서   악당이 나타나서   할머니가 나타나서

파티를 연다   싸움을 한다   화를 낸다   노래를 한다

두 번째 이야기

요정들의 파티

해나랑 해준이는 새로 이사 온 집을 빤히 보았어요.
엄마의 소원대로 잔디밭도 있고, 작은 텃밭도 있는 아담한 2층 주택이었지요.
하지만 해나랑 해준이는 전에 살던 아파트가 더 좋았어요.
거긴 놀이터도 있고 친구도 훨씬 많았거든요.
"이 동네엔 아이들이 없나 봐."
해나가 투덜거릴 때였어요.

해준이가 옆집 창문을 가리키며 말했어요.
"저기 작고 귀여운 요정들이 있네."
"뭐라고?"
해나가 창문 쪽을 쳐다보자 펑퐁팡!
요정들이 얼른 몸을 숨겼어요.
"요정과 친구가 된다면 어떤 일들이 벌어질까?"
"엄청난 모험을 하게 될지도 몰라!"
해준이와 해나는 설레었어요.

요정들의 파티를 준비해 봐요

관련 교과 2학년 2학기 국어 1. 장면을 떠올리며

해나, 해준이랑 친구가 된 요정들은 파티를 열기로 했어요. 파티를 위해 준비해야 할 것들을 적어 볼까요?

파티 준비물

1. 요정들이 좋아하는 도토리 빵
2. 뜨끈뜨끈 수프
3. 풍선 장식
4.
5.
6.
7.

파티에 신나는 음악이 빠질 수 없지!

파티 준비를 하던 요정들이 어디론가 사라졌어요.
식탁에는 재료만 남아 있네요.

| 용의 수염 | 거미 눈알 | 나뭇잎 |
| 사과 | 레몬 | 박쥐 날개 |

이 재료로 무얼 만들려던 걸까요? 음식 이름을 지어 보고 그 음식을 만드는 방법을 써 봐요.

음식 이름 / 만드는 방법

예시) 수염 쩝쩝 맛나면
  1. 용의 수염을 삶는다. 2. 양념장을 섞는다. 3. 잘 비벼서 먹는다.

요정에게 문장 부호를 알려 줘요

관련 교과 2학년 2학기 국어 1. 장면을 떠올리며

해나랑 해준이가 요정 나라에 도착했어요.
꼬마 요정은 해나랑 해준이에게 안내문을 주었지요. 그런데 꼬마 요정의 실수로 문장 부호가 조금 지워져 버렸어요.

빈칸에 어떤 문장 부호가 들어가야 할지 보기에서 찾아 써 봐요.

"안녕□ 이곳은 '요정 나라'야□

성문을 열려면 □문지기야, 문을 열어라□'

하고 말하면 돼."

알맞은 문장 부호를 찾아야 해!

| " | " | ' | ' | ! | ? | , |

다음 상황을 보고 알맞은 말이나 어울리는 문장 부호를 써 봐요.

재미있는 낱말들을 모아요

관련 교과 2학년 2학기 국어 3. 말의 재미를 찾아서

꽃의 요정이 재미있는 낱말들을 모았어요. 나중에 이야기책을 쓸 거래요.

꽃의 요정이 모아 놓은 낱말을 이용해 아래 문장들을 완성해 볼까요?

거품이 ...몽글몽글... 생겼다.

하얀 눈을 ...사박사박... 밟았다.

포도가 .... 열렸다.

껌을 .... 씹었다.

우리 집 강아지는 털이 .... 하다.

불꽃이 .... 타올랐다.

문장에 재미있는 말을 넣으니 더 실감 나는 것 같아.

요정 관찰 일지를 써 봐요

관련 교과 2학년 2학기 국어 6. 자세하게 소개해요

해나랑 해준이는 그동안 관찰한 요정들의 특징을 기록했어요.

1. 요정들은 뽐내기를 좋아한다.

2. 요정들은 거짓말에 잘 속는다.

3. 요정들은 노래를 좋아한다.

4. 요정들은 여왕 요정의 말을 매우 잘 듣는다.

해나랑 해준이처럼 무언가를 오랫동안 관찰한 적이 있나요?
무엇을 관찰했는지 이야기해 봐요.

나는 .... 을 관찰했다.

.... 의 특징은 ....

없다면 지금부터 관찰할 대상을 정해요.
그리고 자세히 관찰한 다음 글을 써 봐요.

나는 .... 를(을) 관찰했다.

.... 의 특징은 ....

관찰할 때는 오랫동안
잘 지켜보는 것이 중요해.
기왕이면 매일 같은 시각이라든지,
같은 날씨일 때 지켜보면 좋아!

요정의 하루를 노랫말로 써 봐요

관련 교과 2학년 2학기 국어 5. 간직하고 싶은 노래

요정들은 노래를 무척 좋아해요. 해나랑 해준이는 요정들을 위해 새로운 노랫말을 써 주고 싶었어요. 요정들의 하루를 노랫말로 만들어 보기로 했답니다.

꽃의 요정은 아침마다 꽃에 이슬비를 톡톡 뿌려요. 그러면 꽃들이 이슬비를 맛있게 먹고 활짝 피어나지요.

아침마다 이슬비가
꽃 위에 톡톡
꽃들이 꿀꺽꿀꺽
먹으면 기운 나서
활짝 웃지요

꽃의 요정아, 네 하루를 노랫말로 썼어. 어때?

여러분도 재미있었던 일을 나만의 노랫말로 써 봐요.

예시) 학교
나는 오늘 학교에서
공부하는 대신
소곤소곤 떠들다가
혼이 났다네
안 돼, 안 돼, 학교에선
절대로 떠들면 안 돼

요정 나라를 홍보해 봐요

관련 교과 2학년 2학기 국어 6. 자세하게 소개해요

요정들이 요정 나라의 좋은 점을 소개하고 널리 알리려 해요.

그럼 이제 우리나라의 좋은 점을 소개해 볼까요?

문을 열면 어떤 곳이 나올까요?

관련 교과 2학년 2학기 국어 11. 상상의 날개를 펴요

요정들이 아주 특별한 문을 만들었어요. 문을 열면 새로운 장소가 나오거든요.

이 문을 열면 아름다운 꽃밭이 나올까?

이 문을 열면 우주가 나올걸.

가운데 문을 열면 어떤 장소가 나타날지 상상해 봐요.

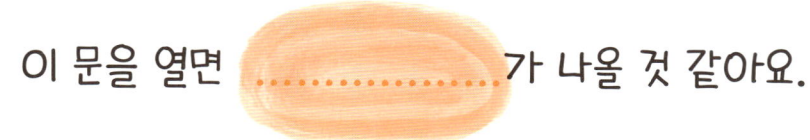

이 문을 열면 ……………… 가 나올 것 같아요.

문을 열고 아래 장소가 나오면 무얼 하고 싶나요?

꽃밭에 가면

바다에 가면

산에 가면

우주에 가면

우리가 할 수 있는 여러 가지 놀이를 상상해 봐요.

기념사진 찍기

조개껍질 장난감 만들기

숨바꼭질하기

수영하기

모래성 쌓기

사다리 타기 게임을 해 봐요

관련 교과 2학년 2학기 국어 3. 말의 재미를 찾아서

요정들이 사다리 타기 게임을 한대요. 사다리 타기를 하면 어떤 낱말이 나올까요?

사다리 타기를 해서 나온 낱말을 이용해 짧은 문장을 만들어 봐요.

1 ....
2 ....
3 ....
4 ....
5 ....

예시) 자동차가 비키라고 빵빵거렸다. 나는 개구리 왕자를 힐끗 보았다.

요술봉으로 갖고 싶은 것을 만들어 봐요

관련 교과 2학년 2학기 국어 9. 주요 내용을 찾아요

요정 여왕님은 아주 특별한 것을 갖고 있어요. 바로 어떤 마법이든 이룰 수 있는 요술봉이지요. 여왕님의 요술봉으로 어떤 것을 만들고 싶나요?

나는 ……………를(을) 만들고 싶어요.

　　왜냐하면 …………………………………………

우리 엄마는 ……………를(을) 만들고 싶어요.

왜냐하면 ………………………………………………

우리 아빠는 ……………를(을) 만들고 싶어요.

　　왜냐하면 …………………………………………

내 친구는 ……………를(을) 만들고 싶어요.

왜냐하면 ………………………………………………

요정과 함께 사과문을 써 봐요

관련 교과 2학년 1학기 국어 8. 마음을 짐작해요

요정들은 숲에서 만난 나무꾼에게 사과문을 쓰고 싶어 했어요. 꽃의 요정과 나무의 요정이 나무꾼에게 장난으로 가짜 황금 보따리를 주었다지 뭐예요.

나무꾼 님, ...

우리가 가짜 황금 보따리를 준 것은 ....

나무꾼 님이 나무가 아파하는데도 계속 꽝꽝 도끼질하는 것을 보고 화가 났어요. 그래서 일부러 장난을 쳤던 거예요.

우리 때문에 몹시 실망했다면 나무꾼 님께

진심으로 .... 싶어요.

보기   기뻐요   미안해요   사과하고   잘못했어요   좋아요

요정 나라에서 겪은 일을 이야기해요

관련 교과 2학년 2학기 국어 11. 실감 나게 표현해요

"난 사람이 되고 싶어!"
요정들은 피노키오를 사람으로 만들어 주었어요.
그런데 사람이 된 피노키오는 마냥 행복하진 않았어요.

피노키오의 마음과 어울리는 낱말을 이어 봐요. 겹쳐도 괜찮아요.

해나랑 해준이는 요정 나라에서 돌아왔어요. 둘은 요정 나라에서 겪었던 일들을 아주 실감 나게 이야기하고 싶었어요.

여러분이 간 곳 중에 가장 재미있는 곳은 어디였나요? 무엇이 재미있었는지 실감 나게 표현해 봐요.

예시) 나는 놀이공원에서 팡팡 튀는 놀이기구랑 빙글빙글 회전목마를 탄 게 재미있어.

세 번째 이야기
엄지 공주와 꽃의 나라

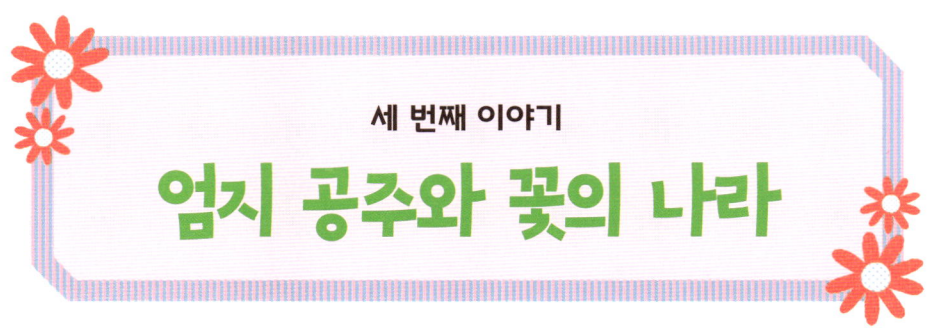

엄지 공주가 잠에서 깨어났어요.
엄지 공주가 누워 있던 곳은 아름다운 연꽃 속이었지요.

엄지 공주가 숨을 깊이 들이쉬려는 찰나, 갑자기 개구리가 폴짝!

개구리는 엄지 공주를 향해 윙크를 끔뻑했어요.

개구리는 공주에게 청혼했어요.

으악, 싫어요!

하지만 개구리는 계속 졸랐어요.

그때 제비가 날아왔어요.

제비 덕분에 엄지 공주는 무사히 탈출할 수 있었어요.
제비는 엄지 공주를 데리고 꽃의 나라로 갔어요.

꽃의 나라를 구경해요

관련 교과 2학년 2학기 가을 1. 동네 한 바퀴

엄지 공주가 꽃의 나라에 도착했어요.
가을이 되니 국화꽃들이 가득 피었어요.
단풍잎은 빨갛게 물들었고 은행잎은 노랗게 물들었어요.

우아, 정말 아름답다!

엄지 공주는 부모님께 꽃의 나라가 얼마나 아름다운지 알려 주고 싶었어요. 그래서 꽃의 나라를 소개하는 편지를 쓰기로 했지요.

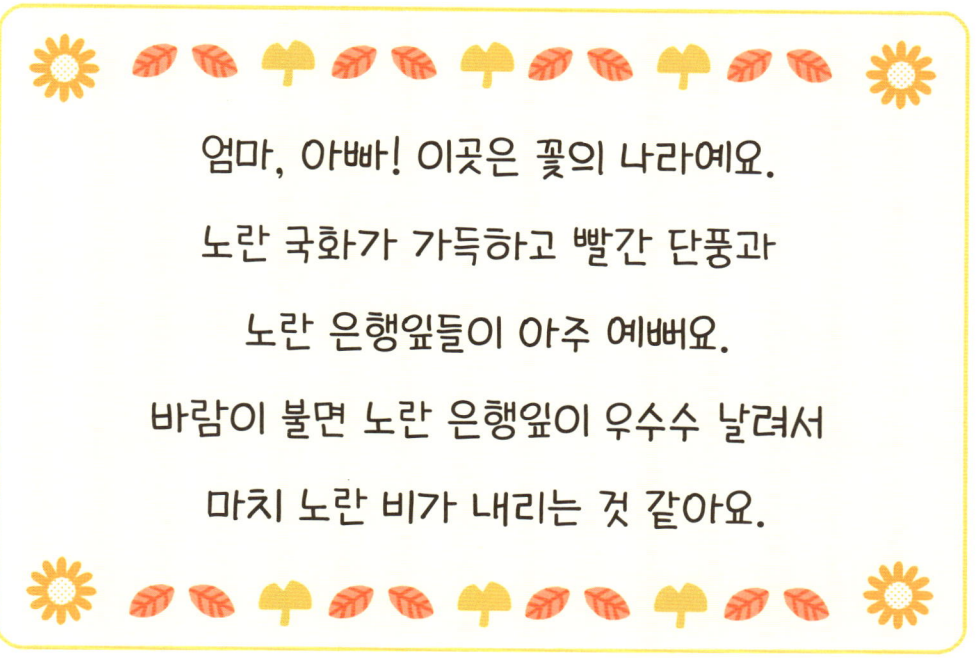

엄마, 아빠! 이곳은 꽃의 나라예요.
노란 국화가 가득하고 빨간 단풍과
노란 은행잎들이 아주 예뻐요.
바람이 불면 노란 은행잎이 우수수 날려서
마치 노란 비가 내리는 것 같아요.

여러분도 우리 동네를 소개하는 글을 써 봐요.

우리 동네는 ....
....
....

예시) 여름이 되면 예쁜 공원이 물놀이장으로 변신해 아이들과 놀 수 있어요.

요정들은 무슨 일을 할까요?

관련 교과 2학년 2학기 가을 1. 동네 한 바퀴

꽃의 나라에는 여러 요정이 있어요.
엄지 공주는 초록 잎사귀라는 요정을 소개받았어요.

이름: 초록 잎사귀

하는 일: 식물의 잎이 더욱 푸르게 자랄 수 있도록 도와줘요.

좋아하는 것: 초록색 사과

엇, 저기 다른 요정들이 있네요.
다른 요정의 이름은 무엇일까요? 또 어떤 일을 하고 무엇을 좋아할까요?

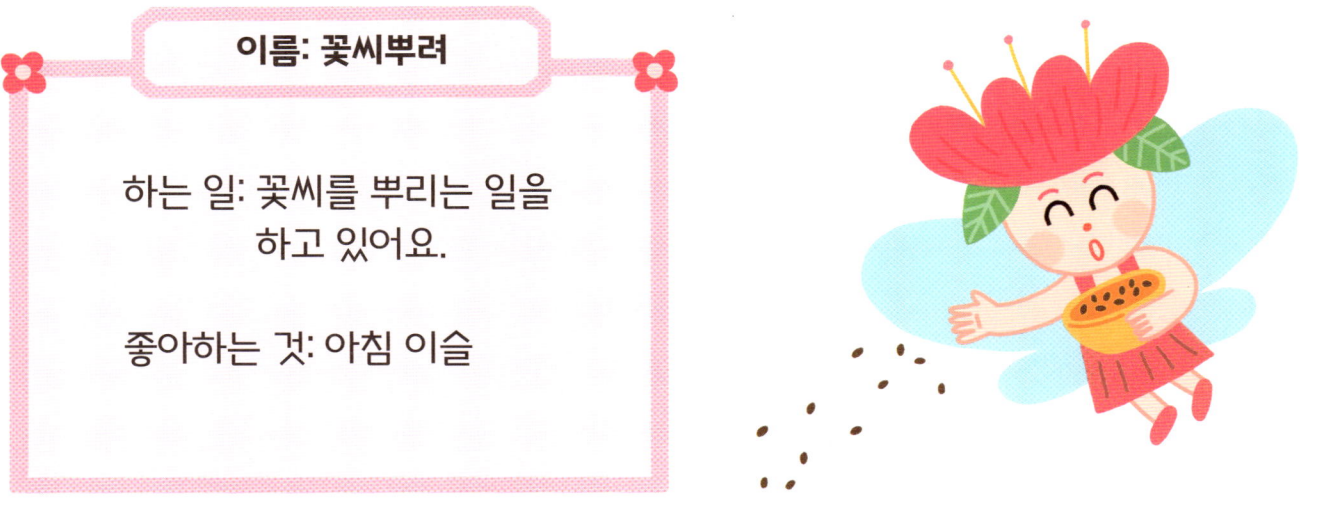

이름: 꽃씨뿌려

하는 일: 꽃씨를 뿌리는 일을 하고 있어요.

좋아하는 것: 아침 이슬

여러분도 요정을 살펴보고 이름과 하는 일, 좋아하는 것을 써 봐요.

이름:

하는 일:

좋아하는 것:

이름:

하는 일:

좋아하는 것:

주변에서 나는 소리를 찾아봐요

관련 교과 2학년 2학기 가을 1. 가을아 어디 있니

엇, 갑자기 소리가 사라져 버렸어요.

어떤 소리가 나는지 알맞은 낱말을 써 봐요.

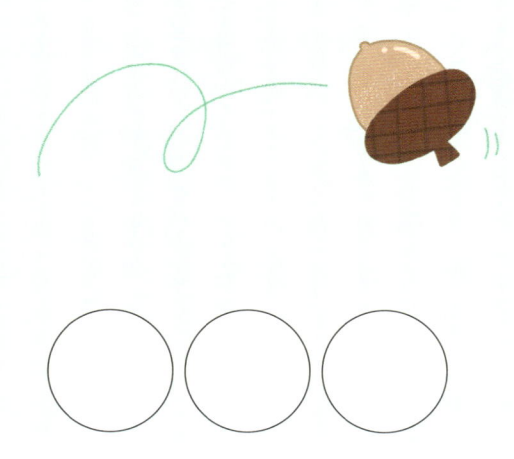

도르르   바스락   타다다닥   귀뚤귀뚤   **정답**

사악한 마녀가 소리를 나타내는 말을 훔쳤던 거로군요.
마녀의 주머니가 터지는 바람에 낱말들이 와르르!

이 낱말들을 이용해 짧은 글짓기를 해 볼까요?

예시) 공이 통통통 굴러왔다.

....

....

앗! 큰일이다.
낱말들이 쏟아져.

또르르
통통통
쾅쾅
타닥타닥
쿵쿵
깔깔
귀뚤귀뚤
꿀꺽꿀꺽
두근두근
바스락

나는 누구일까요?

관련 교과 2학년 2학기 가을 1. 가을아 어디 있니

엇, 상자 속에 누군가 갇혀 있어요. 꺼내 달라고 아우성이에요.

난 아주 작고 동글동글해요. 난 가을에 만날 수 있는 열매예요. 다람쥐가 가장 좋아하는 열매이기도 하지요.

넌 누구니?

정답 도토리

여러분이라면 상자 속에 무얼 숨길 건가요?

다른 사람이 알 수 있도록 힌트를 써 봐요.

예시) 복슬복슬한 털을 가졌어요.
　　　낯선 사람이 오면 시끄럽게 짖어요.

나는 어떤 열매일까요?

관련 교과 2학년 2학기 가을1. 가을아 어디 있니

요정들이 가장 소중한 열매를 내게 주었어요.

이 열매는 고슴도치 같은 가시 속에 숨어 있어.

껍질도 아주 질기고 단단해. 하지만 껍질을 까서 푹 삶으면 정말 맛있지.

이 열매는 아주 귀한 것이야.

이 열매의 이름은 무엇일까요?

....

열매로 만든 음식에는 어떤 것이 있을까요?

....

....

> 튀김을 만들어 볼까?

> 생으로 그냥 먹어 볼까? 믹서에 갈아 볼까?

열매를 이용해 새로운 음식을 개발해 봐요.

....

....

가을에 볼 수 있는 열매 중 여러분이 가장 좋아하는 것은 무엇인가요? 그 이유도 함께 이야기해 봐요.

....

....

새로운 나라의 이름을 지어 봐요

관련 교과 2학년 2학기 겨울 1. 두근두근 세계 여행

엄지 공주와 제비는 하늘을 날다가 외딴섬을 발견했어요.

이 섬에 어울리는 이름을 지어 봐요.

이 섬의 사람들은 어떤 이름을 쓸까요?
재미있고 창의적인 이름을 지어 줘요.
예시) 삐따꾸루 꼬꼬리 메롱메롱

....

나는 포롱포롱 예쁜이!

난 구리구리 용감이!

만약 내가 이 섬의 왕이라면
사람들에게 어떤 명령을 내리고 싶나요?
예시) 우리나라 사람들은 늘 놀아야 한다.

....

새 친구를 상상해 봐요

관련 교과 2학년 2학기 겨울 2. 겨울 탐정대의 친구 찾기

엄지 공주가 섬에 내려 숲을 걸어가는데 뭔가 바스락바스락!
살짝 다가가 보니 이 섬에 사는 사람이었어요.
새 친구의 얼굴을 설명해 볼까요?

얼굴은 동그랗고

……………………………………………

새로운 친구의 이름은 무엇일까요? …………………

새로운 친구는 어떤 성격을 가졌을까요?

예시) 코벌렁은 소심하지만 친해지면 아주 재미있다.

보기
우아하다 상냥하다 말괄량이다 소심하다 내성적이다
수다스럽다 공손하다 너그럽다 까불다
엄격하다 냉정하다 자상하다 웃기다

새로운 친구는 무엇을 좋아할까요?

보기

새로운 이야기를 만들어 봐요

관련 교과 2학년 2학기 겨울 2. 겨울 탐정대의 친구 찾기

새로운 친구와 엄지 공주는 모험을 떠났어요.
과연 어떤 모험을 했을지 상상해서 이야기를 만들어 봐요.

> 엄지 공주와 새로운 친구 ....은 제비 나라
>
> ....으로 모험을 떠났어요.
>
> 숲속을 걸어가고 있는데
>
> 갑자기 ....

걸었어요 소리쳤어요 비웃었어요 나타났어요

노래했어요　춤췄어요　날았어요　울었어요　인사했어요

............에 쫓겨 달아나던 둘은 ....로 들어갔어요.

그곳에는 ....가 살고 있었어요.

............를 만난 엄지 공주와 새로운 친구는

....

악어　독수리　늑대
곰
박쥐　용
오두막　지하　동굴
낡은 성　　　　왕자
할아버지　마녀

**우리 아이 문해력 키우는
창의력 글쓰기 3**

서지원 글 임다와·남궁선하·양소이 그림
초판 1쇄 발행일 2022년 11월 25일
펴낸이 박봉서 **펴낸곳** (주)크레용하우스 **출판등록** 제1998-000024호
편집 임은경·이민정 **디자인** 이혜인·김금순 **마케팅** 한승훈·신빛나라
주소 서울 광진구 천호대로 709-9 **전화** (02)3436-1711 **팩스** (02)3436-1410
홈페이지 www.crayonhouse.co.kr **이메일** crayon@crayonhouse.co.kr

ⓒ 서지원 2022
이 책에 실린 글과 그림은 무단 전재 및 무단 복제할 수 없습니다.
KC마크는 이 제품이 공통안전기준에 적합하였음을 의미합니다.

ISBN 978-89-5547-967-6 74800